Presentación

El presente trabajo pretende convertirse en una herramienta útil para aquellas personas quienes deben enfrentar los foros judiciales, pero que no necesariamente desarrollan profesiones relacionadas con el Derecho, aquí se trata de proporcionar un lenguaje común que facilite las labores y la inserción en ese mundo, de auditores financieros forenses, oficiales de cumplimiento, encargados de control interno, jefes de riesgo, representantes legales, profesionales independientes, entre otros.

Se han analizado diferentes publicaciones para seleccionar aquellos autores quienes con su trabajo, calidad explicativa y simplicidad de conceptos, contribuyen a lograr una mejor comprensión de aquellos términos, muchas veces complejos, destinados al uso y entendimiento de defensores públicos o privados, fiscales o jueces.

Con las definiciones aquí incluidas eventualmente es posible entender jurisprudencia, casos, ejemplos nacionales e internacionales, que incrementen lecciones aprendidas, acervo en materia de prevención de la comisión de delitos financieros y que mejoren el desempeño de quienes son o serán auxiliares en los procesos judiciales.

Tabla de contenido

D

Abuso informático: Ejecución de actos que implican una computadora, que tal vez no sean ilegales pero que se consideran inmorales. (Laudon & Laudon, 2004, pág. 166)

Acceso no autorizado a los sistemas: Lograr acceder al propio sistema informático para tener acceso a toda la información en él contenida o bien para para alterar la programación del mismo. (Huidobro Moya, 2005, pág. 210)

Administración fraudulenta: La administración fraudulenta consiste en un fraude cometido por quien, teniendo bajo su cargo el manejo, la administración o el cuido de bienes ajenos perjudica a su titular, fraude que ejecuta alterando en las cuentas ya sea los precios o las condiciones de los contratos, suponiendo operaciones o gastos ficticios, exagerando los que hubiera hecho, ocultando o reteniendo valores o empleándolos abusivamente. Sujeto de este delito solo puede ser quien esté en relación con los bienes ajenos de los modos dichos. (Chavarría & Roldán , 1995, pág. 228)

Agiotaje: La especulación comercial que se hace cambiando el papel moneda en dinero efectivo, y el dinero efectivo en papel, aprovechando ciertas circunstancias para lograr crecido interés. (Escriche Martín, 1838, pág. 18)

Alteración: Cambio de los atributos, características o de la forma de una cosa. Véase más adelante la definición de falsificación de documentos.

Alteración de estados financieros: Delito de mera conducta, de alterar la verdad en un estado financiero. (Ochoa, 2007, pág. 108)

Alteración de la información: Tiene lugar cuando además de detectar la información se la modifica, en todo o en parte, para hacer llegar al destino una información falsa con el fin de engañarlo. (Huidobro Moya, 2005, pág. 210)

Apropiación indebida: Consiste en la conciencia y voluntad de que se tiene una cosa mueble con obligación de entregarla o devolverla y de que se viola esta obligación con un acto de apropiación o distracción. (Colmenero Menéndez de Luarca, 2007, pág. 997)

Área de cumplimiento: Asegura el debido apego a las leyes y regulaciones a las que está sujeta la empresa, basándose en conocer sus procesos e identificar los riesgos que pudieran afectarle. (Ramírez Chimal, 2013, pág. 72)

Asociación ilícita: Es una figura penal cuyo fin es sancionar la asociación de dos o más personas, aunque en algunos países este delito requiere la participación de cuatro o más personas, con el propósito de cometer algún delito. (Gómez Colomer, Tiedemann, & González Cussac, 1997, pág. 225)

Atenuante: Modificadores semánticos y pragmáticos de lo dicho y del decir, esto es afectan al valor intencional al propósito del acto de habla No sólo modifican el significado de un palabra o expresión, sino que, como categoría pragmática, son estrategias que regulan la relación interpersonal y social entre los participantes de la enunciación (esto es, afectar el valor intencional, al propósito del acto de habla). (Blas Arroyo, Casanova Ávalos, Fortuño Llorens, & Porcas Miralles, 2002, pág. 87)

Auditoria forense: Consiste en la investigación y verificación de información, operaciones, actividades y otras, para reunir y presentar el soporte técnico que sustenten presuntos hechos delictivos y de corrupción administrativa. (Restrepo Medina & Purón Cid, 2014)

Baratería: El delito del juez que no hace justicia sino por precio. Es preciso no confundir la baratería con el cohecho. Aquella consiste en admitir dádivas o regalos; no precisamente por cometer una injusticia, sino por hacer lo que sin las dádivas debía hacerse. (Escriche Martín, Diccionario razonado de legislación y jurisprudencia, 1874, pág. 35)

Blanqueo de activos: El sistema o conjunto de operaciones a través de las cuales los dineros provenientes de actividades relacionadas con el narcotráfico se introducen dentro de la economía a fin de darles apariencia de legalidad. (Mora Rodas, 2000, pág. 147)

Blanqueo de dinero: El lavado o blanqueo consiste en la adquisición, utilización, conversión o transmisión de bienes que procedan de actividades delictivas. (Badenes, y otros, 2011, pág. 52)

Blanqueo de capitales: Supone siempre transformar los beneficios del delito en formas utilizables disimulando sus orígenes ilegales, el blanqueo de capitales, por tanto, consiste en reciclar esos productos de origen criminal para enmascarar la ilicitud de su origen. (Hernández Vigueras, 2005, pág. 169)

Bolsa de valores: Es una organización especial donde se venden o se compran las acciones del libre comercio. El valor nominal de las acciones varía de acuerdo con la oferta y la demanda. Se caracteriza por una amplia aceptación en el mercado bursátil a bajos costos. Frente a otras alternativas de inversión y amortización de capital al final de su vigencia. (Hernández Mangones, 2006, pág. 50)

Cadena de custodia: Mecanismo que garantiza la autenticidad de los elementos de prueba recolectados y examinados, esto es, que las pruebas correspondan al caso investigado, sin que dé lugar a confusión, adulteración ni sustracción alguna. Por tanto, todo funcionario que participe en el proceso de cadena de custodia deberá velar por la seguridad, integridad y preservación de dichos elementos. (Fuertes Rocañín, Cabrera Fornerio, & Fuertes Iglesias, 2007, pág. 173)

Clientelismo: Es la selección a dedo de personas a quienes se les debe favores para ocupar cargos públicos o recibir beneficios de fondos estatales. (Zarur Ramos, 2004, pág. 62)

Coacción: Consiste en una amenaza especializada por el propósito del autor, quien debe realizarlas para obligar a la víctima a que actúe o no actúe o que soporte o que sufra algo. (Figari, 1999, pág. 553)

Cohecho: Consiste en la recepción o solicitación de dádivas presentes por un funcionario público por ejecutar un acto relativo al ejercicio de su cargo o por abstenerse de un acto que debiera practicar en el ejercicio de su función. Asimismo, este delito es cometido por las personas que intentan sobornar a los empleados públicos. (Gómez Colomer, Tiedemann, & González Cussac, 1997, pág. 226)

Colocación: Consiste en introducir los montos ilegales en el sistema financiero sin atraer la atención de las instituciones del mismo, o a través de aquellas entidades que sean vulnerables a esta actividad por su falta de controles. (Rivera Vélez, 2011, pág. 240)

Comiso: Consiste en la aplicación en favor del gobierno, de los instrumentos, objetos o productos del delito, en los términos de la legislación aplicable. (Unión Europea, 2005, pág. 50)

Conciliación: Es un procedimiento de negociación asistida en el cual las partes se reúnen ante un tercero neutral (conciliador) que ayuda a las partes a llegar a un acuerdo tratando de mejorar la comunicación entre éstas, resolviendo errores o malentendidos, manteniendo, si conviene, reuniones separadas con cada parte, fijando un orden en las discusiones. (Martí Màrmol, 2002, pág. 27)

Connivencia maliciosa: Cuando un acreedor consiente un avenimiento convenio o transacción judicial en connivencia con el deudor o con un tercero y hubiere concertado ventajas especiales para el supuesto de aceptación del avenimiento, convenio o transacción. (Asamblea Legislativa, 1970, pág. 77)

Contrabando: Delito de importación o exportación de mercancías de lícito comercio sin presentarlas para sin presentarlas para su despacho en las oficinas de aduanas o en los lugares habilitados por la Administración aduanera; destinar a consumo en el territorio aduanero las mercancías en régimen de transito; exportar material de defensa o material de doble uso sin autorización o declaración falsa o incompleta. (Cabello Pérez & Cabello González, 2013)

Contrato bancario: Ropaje jurídico de la operación financiera. (Walker de Tuler, 2001, pág. 16)

Control interno: Conjunto de métodos y procedimientos coordinados que adoptan las dependencias y entidades para salvaguardar sus recursos, verificar la veracidad de la información financiera y promover la eficiencia de la operación y el cumplimiento de las políticas establecidas. (Hernández Mangones, 2006, pág. 89)

Corrupción: Supone el quebrantamiento de los principios esenciales sobre los que se asienta todo régimen democrático, multiplicando la desigualdad, la arbitrariedad y la injusticia y minando así la confianza de los ciudadanos en sus instituciones. (Lombana Villalba, 2017)

Crimen de odio: Es una conducta violenta motivada por prejuicio, y su producción y reproducción parecen propias de las sociedades humanas a lo largo de la historia. (Cabal & Motta, 2006, pág. 20)

Crimen financiero: Se entiende cualquier delito no violento que generalmente tiene como resultado una pérdida financiera, incluido el fraude financiero, y también comprende una gama de actividades ilegales como el blanqueo de dinero y el fraude fiscal. (Hernández Vigueras, 2005, pág. 165)

Cumplimiento: Todo acto de exacta ejecución de la prestación debida en virtud de una relación obligatoria. (Burzaco Samper & Sáenz de Santa María Gómez-Mampaso, 2013, pág. 237)

Decomiso: Consiste en la aplicación en favor del gobierno, de los instrumentos, objetos o productos del delito, en los términos de la legislación aplicable. (Arias Purón, 2014, pág. 70)

Defraudación fiscal: Se debe entender como engaño a la administración fiscal. (Espinosa Leal, 2016, pág. 132)

Delito: Acción u omisión típica, antijurídica, culpable y punible. (Instituto Nacional de Ciencias Penales, 2008, pág. 50)

Delito bursátil: Cuando una persona dispone de información reservada sobre ciertas cotizaciones o sobre perspectivos a corto plazo de un valor y utiliza esa fuente en beneficio propio. (Blázquez, 2014, pág. 55)

Delito culposo: Producción del resultado típico sin voluntariedad, es decir, por la mera "no previsión de la posibilidad" de que aquel resultado se produjera. (Cuello Contreras, 1990, pág. 160)

Delito doloso: Caracterizado por la producción requerida del resultado, con conocimiento de su prohibición. (Cuello Contreras, 1990, pág. 160)

Delito de cuello blanco: Son los delitos cometidos por personas que, en virtud de su status social, incurren en la comisión de delitos, creyéndose amparados por dicho status. Además, son también los cometidos específicamente por personas con poder económico o políticos, mismo que los suele hacer inmunes. (Guízar Ruíz, 2014, pág. 224)

Delito de mera actividad: Son aquellos que no exigen un resultado material espacio temporalmente separable de la acción dado que la conducta prevista en el tipo produce inmediatamente su consumación. (Morillas Cueva, 2007)

Delito de resultado: Presuponen en el tipo la producción en el objeto de la acción de un efecto diferenciado de la acción y separable de ella espacio-temporalmente. (Sanroma, y otros, 2000, pág. 106)

Delito financiero: En especial, implica desde luego una estafa en el orden de la buena fe de los negocios y la confianza pública; pero sus consecuencias indirectas son igualmente dañosas, pues retrae capitales que de otro modo se invertirían en actividades honestas, los desvía hacia otros fines, y generalmente va asociado con la defraudación fiscal. Tal incidencia indirecta es, pues, incalculable sobre el mercado de capitales y las finanzas públicas. (Miranda Gallino, 1970, pág. 117)

Delito flagrante: Es el que se descubre en el momento de estarse cometiendo (incluso recién cometido cuando se sorprende al presunto autor huyendo con los efectos o armas relacionadas con el hecho perseguido en caliente o sorprendido inmediatamente después de cometerlo). (Martínez García, 2003, pág. 93)

Delito informático: Ejecución de actos ilegales mediante el uso de una computadora o contra un sistema de cómputo. (Laudon & Laudon, 2004, pág. 166)

Delito imprudente: Véase atrás la definición de delito culposo.

Delitos complejos: Son aquellos que están formados por dos o más figuras delictivas y que unidas forman una nueva, ejemplo: violación con contagio venéreo, lesiones seguidas de muerte, etc. (Castro, 1963, pág. 21)

Delitos conexos: Son los que están tan íntimamente vinculados que los unos son consecuencia de los otros. Por ejemplo, el caso de una persona que roba y luego, al enterarse de que un individuo ha presenciado el hecho, da muerte a ese testigo accidental, para impedir que éste la descubra. (Zambrano Pasquel, 2010, pág. 78)

Delitos simples: Son aquellos en los cuales el bien jurídico que se lesiona es único, por ejemplo el homicidio, el hurto, etc. (Castro, 1963, pág. 21)

Denuncia: Declaración que realiza una persona como consecuencia del conocimiento que posee sobre la comisión de un hecho presuntamente delictivo y tiene como fin último hacer llegar la noticia criminal ante la Autoridad Judicial encargada de perseguirlo. (Pérez, 2004, pág. 203)

Destitución: Consiste en la privación definitiva del empleo, cargo o comisión de cualquier naturaleza en el servicio público. (Arias Purón, 2014, pág. 70)

Dictamen pericial criminalístico: Es el resultado de las distintas acciones investigativas (descriptivas, comparativas, experimentales, analíticas) de carácter legal que se lleva a cabo por los peritos de cada una de las especialidades de la técnica criminalística con el objeto de esclarecer determinadas cuestiones relacionadas con el hecho delictivo que se investiga, tales como la naturaleza de una sustancia, la identificación de personas y objetos a través de determinadas huellas, o el mecanismo por el cual pudo haberse producido determinado resultado, etc. (Bravo Tuárez, 2017, pág. 86)

Difamación: Consiste en atribuir a alguien una conducta contraria al honor o cualquier hecho apto para desprestigiarlo. (Fontán Balestra, 1952, pág. 15)

Elusión: Evitar la realización del presupuesto de hecho de una norma tributaria de gravamen utilizando para la operación que se pretende realizar una forma o configuración jurídica que no se corresponde con la finalidad perseguida por ésta. (Palao Taboada, 2009, pág. 161)

Engaño: Acto de aparentar la veracidad de algo que en realidad es falso. (Casado, 2009, pág. 342)

Enriquecimiento ilícito: Este delito sanciona a cualquier empleado público que durante el desempeño de su cargo, y en algunos países varios años después de abandonarlo, se encuentre en posesión de bienes que sobrepasen sus posibilidades económicas o cuyo origen no puede explicar satisfactoriamente. (Gómez Colomer, Tiedemann, & González Cussac, 1997, pág. 227)

Estafa: Delito consistente en una "defraudación" causada mediante un "ardid o engaño". (Durigon, 2016)

Estafa mediante cheque: Utilización de un cheque como un medio fraudulento, para engañar logrando un eventual lucro patrimonial.

Estelionato: En general, fraude en los contratos. Despojo injusto de la propiedad ajena o cualquier engaño, sin otro nombre determinado, en convenciones y actos jurídicos. (Cabanellas de Torres, 2008, pág. 152)

Evasión de impuestos: Es una conducta ilícita, que consiste en dejar de cumplir una norma tributaria que, directa o indirectamente, lleva una prestación pecuniaria menor a la determinada por ley. (Saieh Mena, 2011)

Extinción de dominio: Consiste en la pérdida del derecho de propiedad sobre un bien adquirido ilícitamente, esto en favor del Estado, en razón de dicha ilicitud y sin ninguna contraprestación económica para el titular original. (Mora Rodas, 2000, pág. 42)

Extorsión: Delito en el que incurre el que, con intimidación o simulando autoridad pública o falsa orden de la misma, obligue a otro a entregar, enviar, depósitos o poner a su disposición o a la de un tercero cosas, dinero o documentos que produzcan efectos jurídicos; o quien, por los mismos medios o con violencia, obligue a otro a suscribir o destruir documentos de obligación o de crédito. Queda configurado también el delito cuando se retuviere u ocultase a una persona para sacar rescate o se sustrajere un cadáver para hacerse pagar su devolución.u Cualquier daño o perjuicio. (Casado, 2009, pág. 371)

Facilitación: Véase atrás la definición de conciliación.

Falsedad ideológica: Consignar datos falsos. (Álvarez Echeverri, y otros, 2003, pág. 9)

Falsedad material: Destruir, suprimir, ocultar total o parcialmente un documento privado. (Álvarez Echeverri, y otros, 2003, pág. 9)

Falsificación contable: Variación de la información contable como instrumento para la comisión de un hecho diferente. (García Rivas, 2005, pág. 183)

Falsificación de documentos: Es un delito que se configura por la imitación fraudulenta de los mismos, también por la adulteración de 1 verdadero, siempre que de tales actos pueda resultar perjuicio. La gravedad del delito varía según se haya cometido en documento público o privado. Consiste en el proceso a través del cual se altera o trasforma la información original que poseía un documento de cualquier índole. (Formación y Especialización en Seguridad, S.L., 2016, pág. 229)

Falso testimonio: Delito en el cual incurre el testigo que, en causa civil o criminal, afirmase lo falso, negase lo verdadero u ocultare en todo o en parte la verdad. (Casado, 2009, pág. 378)

Felonía: Traición, deslealtad. Infidelidad. Canallada; maldad. Perfidia. (Cabanellas de Torres, 2008, pág. 163)

Financiamiento del terrorismo: Delito tipificado cuando una persona "por el medio que fuere, directa o indirectamente, ilícita y deliberadamente, provea o recolecte fondos con la intención de que se utilicen, o a sabiendas de que serán utilizados, en todo o en parte, para cometer un acto de terrorismo". (Fondo Monetario Internacional, 2003, pág. 8)

Fraude: Engaño, acción contraria a la verdad o a la rectitud. (Fernández Sánchez, Ignoto Azaustre, Lucero Manresa, del Peso Navarro, & Ramos González, 2001, pág. 161)

Fraude contable: Conocido también como maquillaje contable ilegal, consiste en modificar las cuentas vulnerando la normativa con el fin de que las cifras se aproximen a lo que interesa al que engaña en lugar de reflejar la imagen fiel de la situación de la empresa. (Amat & Nombela, 2015, pág. 57)

Fraude financiero: Distorsión u alteración de la información financiera con el objetivo primordial de causar daños y perjuicios a terceros quienes tengan intereses particulares en esta.

Hurto: Consiste en apoderarse injustamente de los bienes ajenos contra la voluntad razonable de su legítimo dueño. (Álvarez, 2001, pág. 44)

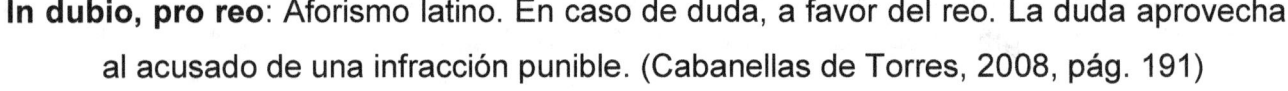

In dubio, pro reo: Aforismo latino. En caso de duda, a favor del reo. La duda aprovecha al acusado de una infracción punible. (Cabanellas de Torres, 2008, pág. 191)

Indicio: Acción o señal que da a conocer lo oculto. Conjetura derivada de las circunstancias de un hecho. Sospecha que un hecho conocido permite sobre otro desconocido. Rastro, vestigio. Huella. (Cabanellas de Torres, 2008, pág. 196)

Impugnación: Acción y efecto de interponer un recurso contra una resolución judicial. (Casado, 2009, pág. 444)

Inhabilitación: Implica la incapacidad temporal para obtener y ejercer cargos, comisiones o empleos públicos. (Arias Purón, 2014, pág. 70)

Integración: El objetivo final del proceso de lavado de dinero es la integración. Una vez que los fondos están en el sistema financiero y fueron aislados a través de la fase de transformación, se utiliza la fase de integración para crear la apariencia de legalidad por medio de transacciones adicionales. (Rivera Vélez, 2011, pág. 240)

Jineteo: Término figurativo empleado en la jerga contable, bancaria, judicial, entre otras, para referirse al aprovechamiento indebido y transitorio de aquellos fondos que pertenecen a una persona física o jurídica distinta a quien los retiene o administra, y que en algunas ocasiones puede pasar de temporal a permanente afectando el patrimonio de su legítimo dueño.

Jurisdicción: Facultad de dictar leyes y de aplicarlas dentro de determinado territorio. (González Schmal, 2007, pág. 241)

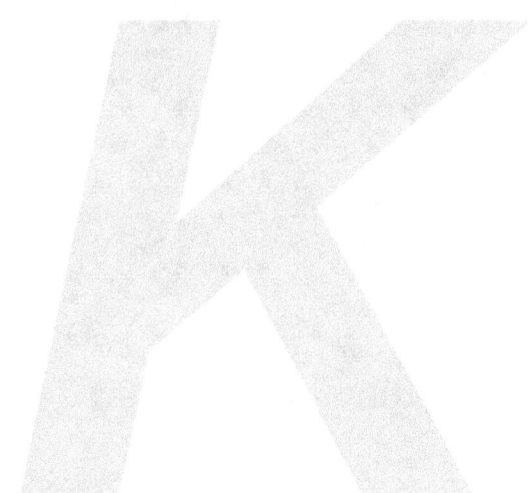

Kiting: Consiste en una manipulación para ocultar un faltante de caja durante el tiempo que se demora un cheque en ser cobrado en el banco o tratar de impedir que sea descubierto el faltante mediante la emisión de un cheque carente de fondos que luego puede ser reemplazado por otro. (Estupiñán Gaitán, 2015)

Lavado de activos: Véase atrás la definición de blanqueo de activos.

Lavado de bienes: Véase atrás la definición de blanqueo de activos.

Lavado de capitales: Véase atrás la definición de blanqueo de capitales.

Lavado de dinero: Véase atrás la definición de blanqueo de dinero.

Lavado de divisas: Véase atrás la definición de blanqueo de capitales.

Legitimación de activos: Véase atrás la definición de blanqueo de activos.

Legitimación de capitales: Véase atrás la definición de blanqueo de capitales.

Malversación: Corresponde a la desviación de bienes o fondos públicos por un funcionario público para un uso diferente al autorizado por la ley. Este delito se puede cometer por conductas de apropiación (por acción dolosa, por omisión dolosa o por omisión culposa), conductas de distracción (aplicación de los bienes para uso privado o aplicación pública distinta a la designada legalmente), y conductas de retención (denegación de pagos y retención indebida). (Gómez Colomer, Tiedemann, & González Cussac, 1997, pág. 225)

Malversación de fondos: Es un delito que comete la autoridad o funcionario que, con ánimo de lucro, sustrajere o consintiere que un tercero, con igual ánimo, sustraiga los caudales o efectos públicos que tenga a su cargo por razón de sus funciones. (de la Encarnación Gabín, 2009, pág. 163)

Maquillaje contable ilegal: Véase atrás la definición de fraude contable.

Multa: Consiste en el pago de una cantidad de dinero al gobierno, fijada por días multa. (Arias Purón, 2014, pág. 70)

Negociaciones incompatibles con el ejercicio de funciones públicas: Es un delito que sanciona el recibir beneficio de cualquier transacción en la cual el empleado participó o supervisó. (Gómez Colomer, Tiedemann, & González Cussac, 1997, pág. 227)

Nepotismo: Consiste en ubicar en puestos de gobierno o conducción política a familiares de quienes detentan el poder. (Oblitas Guadalupe & Rodríguez Kauth, 1999, pág. 135)

Oficial de cumplimiento: Funcionario que la institución financiera debe designar con el objetivo de vigilar el cumplimiento de los programas y procedimientos internos en materia de legitimación de capitales y financiamiento al terrorismo quien a su vez servirá de enlace con las autoridades competentes. (Consejo Nacional de Supervisión del Sistema Financiero, 2010)

Oratoria forense: La exigida o practicada ante los tribunales de justicia, en las vistas o audiencias en que, lista para sentencia la causa, las partes o, con mayor frecuencia, sus letrados, resumen ante el juez o los magistrados los hechos, las pruebas y los fundamentos de Derecho que apoyan su tesis y su petición de condena o absolutoria. (Cabanellas de Torres, 2008, pág. 270)

Paraíso fiscal: Es una jurisdicción que no grava con impuestos a las rentas del capital, o que las grava muy poco, y que presenta además una de las tres características siguientes: falta de transparencia, la negativa a proporcionar información a las autoridades extranjeras, y la posibilidad de crear empresas ficticias. (Chavagneux & Palan, 2007, pág. 15)

Penología: Disciplina que se ocupa del estudio de la aplicación y ejecución de las penas y está muy ligada a una derivación del derecho penal llamada derecho penitenciario. (Arias Purón, 2014, pág. 70)

Peritaje: Dictamen emitido por el perito referido a hechos o circunstancias importantes que versan sobre conocimientos especiales de una ciencia, arte o técnica. (Romo Pizarro, 2000, pág. 36)

Perito: Es aquella persona que, no siendo parte en el proceso judicial, elabora un informe a solicitud de alguna de las partes o incluso del propio juzgado sobre un hecho para cuya elaboración son necesarios determinados conocimientos técnicos. (Pons Achell, 2011, pág. 37)

Perito judicial: Al que interviene en el procedimiento civil, penal o de otra jurisdicción, como la persona "que, poseyendo especiales conocimientos teóricos o prácticos, informa, bajo juramento, al juzgador sobre puntos litigiosos en cuanto se relacionan con su especial saber o experiencia". (Cabanellas de Torres, 2008, págs. 289-290)

Perjurio: Véase atrás la definición de falso testimonio.

Perjuicio irremediable: Es aquella violación inminente y grave a un derecho fundamental, que una vez acaecida no es susceptible de restituir las cosas al estado anterior. (Correa Henao, 2005, pág. 144)

Prevaricato: Es un delito que tiene lugar cuando un empleado público, por razón de su cargo o funciones, dicta una resolución o dictamen manifiestamente contrario a la ley. Este delito se aplica especialmente a los jueces y otros funcionarios judiciales. (Gómez Colomer, Tiedemann, & González Cussac, 1997, pág. 226)

Privación: Consiste en la pérdida definitiva de derechos. (Arias Purón, 2014, pág. 70)

Prueba: Es la verificación de afirmaciones formuladas en el proceso; la demostraciones de tales por posiciones, con el propósito de convencer o persuadir al juez de que los hechos afirmados y controvertidos se corresponden con la realidad. (Midón, 2007, pág. 29)

Prueba judicial: Es todo motivo o razón aportada al proceso por los medios y procedimientos aceptados por la ley, para llevarle al juez el convencimiento o certeza de los hechos. (Devis Echandia, 2006, pág. 34)

Quebrantamiento: Omisión o violación de garantías sustanciales en el procedimiento. (Casado, 2009, pág. 677)

Quebrar: Situación legal a que puede verse compelido un comerciante que momentánea, temporal o definitivamente se encuentra imposibilitado del cumplimiento de las obligaciones contraídas. (Ossorio y Florit, 2010, pág. 800)

Quiebra: Situación en que el patrimonio universal del comerciante deudor declarado quebrado responde frente a todos sus acreedores conjuntamente, atendiendo a la satisfacción proporcional de los créditos mediante un tratamiento igualitario, ante la imposibilidad de hacer frente a sus obligaciones líquidas y exigibles. (Quevedo Coronado, 2004, pág. 347)

Quiebra fraudulenta: Se dice que una quiebra presenta el carácter de fraudulenta cuando su titular, actuando en fraude de sus acreedores, simule deudas, enajenaciones, gastos o pérdidas. También si sustrae u oculta bienes que pertenecen a la masa o concede ventajas indebidas a uno u otro acreedor. Cualquiera de estas actitudes es sancionada por la ley penal. (Cabanellas de Torres, 2008, pág. 316)

Reciclaje de dinero sucio: Véase atrás la definición de blanqueo de dinero.

Robar: Es la acción de un hombre que oculta, coge, distrae una cosa que no le pertenece, de cualquier manera, que esta sea. (Proudhon, 2005, pág. 214)

Robo: Apoderación en forma ilegítima de una cosa mueble total o parcialmente ajena, ejerciendo fuerza en las cosas o violencia física en las personas, ya sea que ésta tenga lugar antes, durante o después de cometido el acto ilícito.u Sustracción fraudulenta de lo ajeno. (Casado, 2009, pág. 720)

Robo de bancos: Consiste en despojar a una masa de depositantes, casi todos ellos pequeños ahorristas. (Bunge, 2011)

Sabotaje informático: Es la acción u omisión que provoca el daño de los productos informáticos, tanto en el hardware como en el software. (da Costa Carballo, 1992, pág. 184)

Sanción pecuniaria: Comprende la multa, la reparación del daño y la sanción económica. (Arias Purón, 2014, pág. 70)

Seguridad: Cualidad de los activos que no pierden valor por carencia de pago. Normalmente se estima que el activo financiero más seguro es la deuda pública.u Fianza u obligación de indemnidad a favor de uno, regularmente en materia de intereses. (Casado, 2009, pág. 732)

Simulación de delito: Consiste en la falsa afirmación (denuncia), ante la autoridad competente, de que se ha cometido un delito, sin imputarlo a persona determinada. (Morales Andrade, 1993, pág. 187)

Soborno: Véase atrás la definición de cohecho.

Soborno de transacción: Es un pago hecho de forma rutinaria y generalmente impersonal a un funcionario público, para obtener o acelerar la realización de su función prescrita. (Quintero Tirado, 1988, pág. 560)

Suspensión: Consiste en la pérdida temporal de derechos. (Arias Purón, 2014, pág. 70)

Sustracción: Apartamiento. Extracción. Separación. Hurto. Robo. Resta, disminución, descuento. (Cabanellas de Torres, 2008, pág. 354)

Sustracción de información: Consiste en acceder a la información –datos– que circula por la red para hacer un uso fraudulento de la misma. (Huidobro Moya, 2005, pág. 210)

Tejedora: Véase atrás la definición de kiting.

Terrorismo: Se entienden atentados violentos escandalosos contra un orden político, preparados y organizados desde la clandestinidad. Su finalidad es difundir en primer lugar inseguridad y miedo, pero también simpatía y predisposición al apoyo. (Waldman, 2007, pág. 62)

Tipicidad: Es el primer elemento del delito. Deriva del principio *nullum crimen sine lege* (principio de legalidad), que garantiza que sólo las conductas descritas previamente en la ley penal como delitos serán castigadas previamente en la ley penal como delitos serán castigadas con una pena (Función de garantía). (de la Cuesta Aguado, 1998, pág. 69)

Transformación: La segunda fase del proceso de lavado de dinero es la transformación, que consiste en trasladar fondos por todo el sistema financiero, con frecuencia a través de una compleja serie de transacciones parar crear confusión y complicar el rastreo documental. (Rivera Vélez, 2011, pág. 240)

Usurpación: Muerte delito que se comete apoderándose con violencia o intimidación de inmueble o derecho real ajeno.u Acción y efecto de apoderarse de una propiedad o de un derecho que legalmente pertenece a otro, normalmente mediante la violencia. (Casado, 2009, pág. 833)

Uxoricidio: Muerte criminal causada a la mujer por su marido. El vocablo califica tanto el crimen como el acto de cometerlo. (Cabanellas de Torres, 2008, pág. 380)

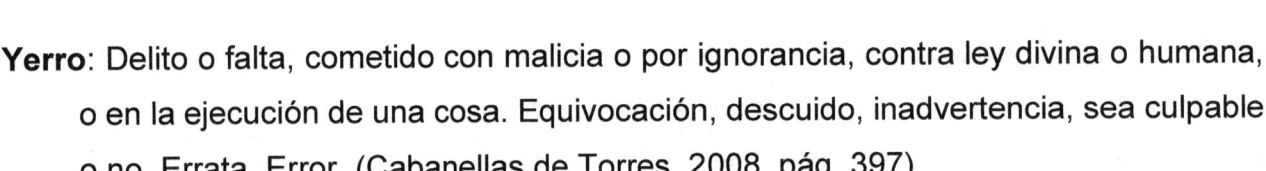

Yerro: Delito o falta, cometido con malicia o por ignorancia, contra ley divina o humana, o en la ejecución de una cosa. Equivocación, descuido, inadvertencia, sea culpable o no. Errata. Error. (Cabanellas de Torres, 2008, pág. 397)

Zafarrancho: Pelea, riña, alboroto, destrozo. Agitación desordenada y ruidosa.

Álvarez Echeverri, T., Arroyave Páramo, H., Barreneche Medina, N. D., Cardona Duque, E. F., Gaviria Rivera, É., Giraldo Salazar, O. L., . . . Ulloa Gómez, J. R. (2003). *Anestesiología para médicos generales.* Antioquia, Colombia: Universidad de Antioquia.

Álvarez, A. (2001). *Enciclopedia Álvarez: iniciación profesional.* Madrid, España: Editorial Edaf, S.A.

Amat, O., & Nombela, V. (2015). *Manual de análisis de empresas cotizadas.* Barcelona, España: Asociación Catalana de Contabilidad y Dirección.

Arias Purón, R. (2014). *Derecho 2.* México, D.F., México: Grupo Editorial Patria.

Asamblea Legislativa. (1970). *Código Penal.* San José, Costa Rica: República de Costa Rica.

Badenes, X., Etxezarreta, M., Gordillo, I., Idoate, E., Iglesias, J., Ferrer, F., . . . Ribera, R. (2011). *La estrategia del capital.* Barcelona, España: Seminari d'economia crítica Taifa.

Blas Arroyo, J. L., Casanova Ávalos, M., Fortuño Llorens, S., & Porcas Miralles, M. (2002). *Estudios sobre lengua y sociedad.* Castellón, España: Publicacions de la Universitat Jaume I.

Blázquez, B. H. (2014). *Compedio bursálito.* Madrid, España: Ediciones Díaz de Santos.

Bravo Tuárez, T. L. (2017). *La criminalística en función del descubrimiento y la verificación científica del delito* (Primera ed.). Alicante, España: Área de Innovaciones y Desarrollo, S.L.

Bunge, M. (2011). *100 ideas: El libro para pensar y discutir en el café.* Buenos Aires, Argentina: Editorial Sudamericana, S.A.

Burzaco Samper, M., & Sáenz de Santa María Gómez-Mampaso, Ó. (2013). *El sector público económico de ámbito estatal: su régimen jurídico y realidad actual.* Madrid, España: Dykinson, S.L.

Cabal, L., & Motta, C. (2006). *Más allá del derecho: justicia y género en América Latina.* Bogotá, Colombia: Siglo del Hombre Editores.

Cabanellas de Torres, G. (2008). *Diccionario jurídico elemental* (Decimonovena ed.). Buenos Aires, Argentina: Editorial Heliasta, S.L.R.

Cabello Pérez, M., & Cabello González, J. M. (2013). *Procedimientos aduaneros I: conceptos básicos* (Tercera ed.). Madrid, España: Taric, S.A.

Casado, M. (2009). *Diccionario jurídico* (Sexta ed.). Buenos Aires, Argentina: Valletta Ediciones, S.R.L.

Castro, C. I. (1963). *El delito político en la doctrina y en la legislación.* San Carlos, Guatemala: Universidad de San Carlos de Guatemala.

Chavagneux, C., & Palan, R. (2007). *Los paraísos fiscales.* Barcelona, España: Ediciones de Intervención Cultural/El Viejo Topo.

Chavarría, J., & Roldán , M. (1995). *Auditoría Forense* (Primera ed.). San José, Costa Rica: Editorial Universidad Estatal a Distancia.

Colmenero Menéndez de Luarca, M. (2007). *Delitos contra el patrimonio.* Madrid, España: Wolters Kluwer España, S.A.

Consejo Nacional de Supervisión del Sistema Financiero. (2010). *Acuerdo Sugef 12-10: Normativa para el cumplimiento de la ley 8204.* San José, Costa Rica: República de Costa Rica.

Correa Henao, N. R. (2005). *Talleres de divulgación e implementación de la convención interamericana* (Segunda ed.). Bogotá, Colombia: Pontificia Universidad Javeriana.

Cuello Contreras, J. (1990). *Culpabilidad e imprudencia: de la imprudencia como forma de culpabilidad a la imprudencia como tipo de delito.* Madrid, España: Ministerio de Justicia.

da Costa Carballo, C. M. (1992). *Fundamentos de tecnología documental.* Madrid, España: Editorial Complutense.

de la Cuesta Aguado, P. M. (1998). *Tipicidad e imputación objetiva.* Mendoza, Argentina: Ediciones Jurídicas Cuyo.

de la Encarnación Gabín, M. A. (2009). *Administración pública* (Segunda ed.). Madrid, España: Ediciones Paraninfo, S.A.

Devis Echandia, H. (2006). *Teoría general de la prueba judicial.* Bogotá, Colombia: Editorial Temis.

Durigon, N. A. (2016). *Grandes maestros de la estafa.* Buenos Aires, Argentina: Ediciones B Argentina S.A.

Escriche Martín, J. (1838). *Diccionario razonado de legislacion civil, penal, comercial y forense, ó sea, Resúmen de las leyes, usos, prácticas y costumbres, como asímismo de las doctrinas de los jurisconsultos.* Valencia, España: J. Ferrer de Orga.

Escriche Martín, J. (1874). *Diccionario razonado de legislación y jurisprudencia.* Madrid, España: Eduardo Cuesta.

Espinosa Leal, I. P. (2016). Evolución legislativa de la defraudación fiscal. *Archivos de Criminología, Seguridad Privada y Criminalística, VI*(3), 131-141.

Estupiñán Gaitán, R. (2015). *Control interno y fraudes: Análisis de informe COSO I, II y III con base en los ciclos transaccionales* (Tercera ed.). Bogotá, Colombia: Ecoe Ediciones.

Fernández Sánchez, C. M., Ignoto Azaustre, M. J., Lucero Manresa, J. L., del Peso Navarro, E., & Ramos González, M. Á. (2001). *Peritajes informáticos* (Segunda ed.). Madrid, España: Ediciones Díaz de Santos, S.A.

Figari, R. E. (1999). *Casuística penal: Doctrina y jurisprudencia.* Mendoza, Argentina: Ediciones Jurídicas Cuyo.

Fondo Monetario Internacional. (2003). *Manual para la redacción de leyes de represión del financiamiento del terrorismo.* Washington, Estados Unidos: Departamento Jurídico.

Fontán Balestra, C. (1952). *El delito de falsa denuncia.* Buenos Aires, Argentina: Depalma.

Formación y Especialización en Seguridad, S.L. (2016). *Aspectos jurídicos en el desarrollo de las funciones del personal de seguridad.* Madrid, España: Editorial CEP.

Fuertes Rocañín, J. C., Cabrera Fornerio, J., & Fuertes Iglesias, C. (2007). *Manual de ciencias forenses.* Madrid, España: Arán Ediciones, S.L.

García Rivas, N. (2005). *Protección penal del consumidor en la Unión Europea.* Cuenca, España: Ediciones de la Universidad de Castilla - La Mancha.

Gómez Colomer, J. L., Tiedemann, K., & González Cussac, J. L. (1997). *La reforma de la justicia penal: estudios en homenaje al Prof. Klaus Tiedemann.* Castellón, España: Universitat Jaume I.

González Schmal, R. (2007). *Programa de derecho constitucional* (Segunda ed.). México, D.F., México: Limusa, S.A. de C.V.

Guízar Ruíz, C. H. (2014). Los delitos de cuello blanco. *Criminología y Victimología: Revista de la Segunda Cohorte del Doctorado en Seguridad Estratégica*, 222-238.

Hernández Mangones, G. (2006). *Diccionario de Economía* (Primera ed.). Medellín, Colombia: Universidad Cooperativa de Colombia.

Hernández Vigueras, J. (2005). *Los paraísos fiscales: cómo los centros offshore socavan las democracias.* Madrid, España: Ediciones Akal, S.A.

Huidobro Moya, J. M. (2005). *Sistemas telemáticos* (Tercera ed.). Madrid, España: Editorial Paraninfo.

Instituto Nacional de Ciencias Penales. (2008). *Homenaje a Ricardo Franco Guzmán: 50 años de vida académica* (Primera ed.). México, D.F., México: Magisterio Nacional.

Laudon, K. C., & Laudon, J. P. (2004). *Sistemas de información gerencial* (Octava ed.). México, D.F., México: Pearson Educación.

Lombana Villalba, J. (2017). *Corrupción, cohecho y tráfico de influencias en España y Colombia.* Bogotá, Colombia: Universidad del Rosario.

Martí Màrmol, J. L. (2002). *Perspectivas del derecho en la negación de conflictos: la resolución alternativa de conflictos.* Barcelona, España: Editorial UOC.

Martínez García, E. (2003). *Eficacia de la prueba ilícita en el proceso penal: (a la luz la STC 81/98, de 2 de abril).* Valencia, España: Tirant lo Blanch y Universitat de València.

Midón, M. S. (2007). *Derecho probatorio: Parte general* (Vol. I). Mendoza, Argentina: Ediciones Jurídicas Cuyo.

Miranda Gallino, R. (1970). *Delitos contra el orden económico.* Buenos Aires, Argentina: Ediciones Pannedille.

Mora Rodas, N. A. (2000). *Delincuencia internacional organizada: drogas, narcotráfico, espacio judicial común.* Asunción, Paraguay: Intercontinental Editora.

Morales Andrade, M. (1993). *El delito de acusación o denuncia calumniosa.* Santiago, Chile: Editorial Jurídica de Chile.

Morillas Cueva, L. (2007). *Delincuencia en materia de tráfico y seguridad vial: (aspectos penales, civiles y procesales).* Madrid, España: Editorial Dykinson, S.L.

Oblitas Guadalupe, L. A., & Rodríguez Kauth, Á. (1999). *Psicología política* (Primera ed.). México, D.F., México: Universidad.

Ochoa, F. B. (2007). *Delitos de falsedad en estados financieros.* Bogotá, Colombia: Editorial Universidad del Rosario.

Ossorio y Florit, M. (2010). *Diccionario de ciencias jurídicas, políticas y sociales.* Buenos Aires, Argentina: Heliasta.

Palao Taboada, C. (2009). *La aplicación de las normas tributarias y la elusión fiscal* (Primera ed.). Valladolid, España: Lex Nova, S.A.

Pérez, F. A. (2004). *Manual del policía* (Cuarta ed.). Madrid, España: La Ley-Actualidad, S.A.

Pons Achell, J. F. (2011). *Informes periciales en edificación.* Castellón, España: Publicacions de la Universitat Jaume I.

Proudhon, P. J. (2005). *¿Qué es la propiedad?: Investigaciones sobre el principio del derecho y del gobierno.* Buenos Aires, Argentina: Libros de Anarres.

Quevedo Coronado, F. I. (2004). *Derecho mercantil.* Ciudad de México, México: Pearson Educación de México, S.A. de C.V.

Quintero Tirado, M. (1988). *Justicia y realidad: Un enfoque analítico de la administración de justicia en la Venezuela contemporánea.* Caracas, Venezuela: Universidad Central de Venezuela.

Ramírez Chimal, M. (2013). *¡No deje que lo laven, Ni que lo sequen!: Una guía fácil y sencilla que protegerá a su empresa del riesgo de lavado de dinero.* Indiana, Estados Unidos: Palibrio.

Restrepo Medina, M. A., & Purón Cid, G. (2014). *Diseño institucional de las entidades de fiscalización superior de América Latina.* Bogotá, Colombia: Universidad del Rosario.

Rivera Vélez, F. (2011). *Inteligencia estratégica y prospectiva.* Quito, Ecuador: FLACSO.

Romo Pizarro, O. (2000). *Medicina legal: Elementos de ciencias forenses.* Santiago, Chile: Editorial Jurídica de Chile.

Saieh Mena, C. (2011). *Derecho para el emprendimiento y los negocios: Los aspectos legales que un empresario debe conocer para generar ventajas competitivas* (Segunda ed.). Santiago, Chile: Ediciones Universidad Católica de Chile.

Sanroma, Á., Martín, T., Mestre, E., Rey, F., Valmaña, S., de León, F. J., . . . Rivero, E. (2000). *La mujer como víctima: aspectos jurídicos y criminológicos.* Castilla-La Mancha, España: Ediciones de la Universidad de Castilla-La Mancha.

Unión Europea. (2005). *Decisión marco 2005/212/JAI del consejo.* Bruselas, Bélgica: Diario Oficial de la Unión Europea.

Waldman, W. (2007). *Guerra civil, terrorismo y anomia social: El caso colombiano en un contexto globalizado* (Primera ed.). Bogotá, Colombia: Editorial Norma, S.A.

Walker de Tuler, M. C. (2001). *Contratos bancarios.* Santa Fe, Argentina: Centro de Publicaciones, Secreatría de Extensión, Universidad Nacional del Litiral.

Zambrano Pasquel, A. (2010). *Lavado de activos: Aproximaciones desde la imputación objetiva y la autoría mediata.* Quito, Ecuador: Corporación de Estudios y Publicaciones.

Zarur Ramos, A. L. (2004). *El entorno económico: Elementos teóricos y metodológicos para su análisis.* Bucaramanga, Colombia: Universidad Autónoma de Bucaramanga.